Le Travail.

ALPHABET

des

ARTS ET MÉTIERS

orné de 27 gravures

LES CASTORS ET LES ABEILLES

Les Animaux donnent l'Exemple de l'Industrie et du Travail

PARIS, Brianchon, Rue de la Harpe, N° 30.

ALPHABET

DES

ARTS ET MÉTIERS,

OU

Élémens de Lecture

ENSEIGNÉS EN QUINZE LEÇONS;

CONTENANT TOUT CE QUE L'ON EST DANS L'USAGE
D'OFFRIR POUR LEÇONS AUX ENFANS;

Suivi de Notices sur les Arts et Professions les
plus usuels de l'homme, et terminé par un
choix de Lettres instructives et morales.

ORNÉ DE 27 JOLIES GRAVURES EN TAILLE-DOUCE.

PARIS,

J. BRIANCHON, LIBRAIRE,

RUE DE LA HARPE, N° 30.

1826.

A B

C D

E F

a	b
c	d
e	f

G H

IJ K

L M

g h

ij k

l m

N O

P Q

R S

n o

p q

r s

T U

V X

Y Z

t	u
v	x
y	z

A B C D

E F G H

I J K L

M N O P

Q R S T

U V X Y Z.

a   b   c   d

e   f   g   h

i   j   k   l

m   n   o   p

q   r   s   t

u   v   x   y   z.

A   B   C   D

E   F   G   H

I   J   K   L

M   N   O   P

Q   R   S   T

U   V   X   Y   Z.

a   b   c   d   e

f   g   h   i   j

k   l   m   n   o

p   q   r   s   t

u   v   x   y   z.

TROISIÈME LEÇON.

Voyelles.

a e i ou y o u

Syllabes.

ba be bi bo bu

ca ce ci co cu

da de di do du

fa fe fi fo fu

ga ge gi go gu

ha he hi ho hu

ja je ji jo ju

ka ke ki ko ku

2

la   le   li   lo   lu

ma me mi mo mu

na   ne   ni   no   nu

pa   pe   pi   po   pu

qua que qui quo qu

ra   re   ri   ro   ru

sa   se   si   so   su

ta   te   ti   to   tu

va   ve   vi   vo   vu

xa   xe   xi   xo   xu

za   ze   zi   zo   zu

ab	eb	ib	ob	ub
ac	ec	ic	oc	uc
ad	ed	id	od	ud
af	ef	if	of	uf
ag	eg	ig	og	ug
ah	eh	ih	oh	uh
ak	ek	ik	ok	uk
al	el	il	ol	ul
am	em	im	om	um
an	en	in	on	un
ap	ep	ip	op	up
aq	eq	iq	oq	uq
ar	er	ir	or	ur
as	es	is	os	us

at	et	it	ot	ut
av	ev	iv	ov	uv
ax	ex	ix	ox	ux
az	ez	iz	oz	uz

CINQUIÈME LEÇON.

bla	ble	bli	blo	blu
bra	bre	bri	bro	bru
cha	che	chi	cho	chu
cla	cle	cli	clo	clu
cra	cre	cri	cro	cru
dra	dre	dri	dro	dru
gla	gle	gli	glo	glu
gna	gne	gni	gno	gnu
gra	gre	gri	gro	gru
pha	phe	phi	pho	phu

pla ple pli plo plu

pra pre pri pro pru

tla tle tli tlo tlu

tra tre tri tro tru

SIXIÈME LEÇON.

PONCTUATION.

Apostrophe (') l'orage

Trait d'union (-) porte-feuille

Guillemet («)

Parenthèses ( )

Virgule (,)

Point et virgule (;)

Deux points (:)

Point (.)

Point d'interrogation (?)

Point d'exclamation (!)

Les lettres doubles.

æ	œ	fi	ffi
fi	ffi	fl	ffl
ff	fb	fl	ſſ
ft	ct	&	w.

Lettres accentuées.

é	(aigu)
à è ù	(graves)
â ê î ô û	(circonflexes)
ë ï ü	(tréma)
ç	(cédille)

Exemple :

Pâ-té   Mè-re

Le-çon   Mê-me

Maî-tre A-pô-tre Hé-ro-ï-ne.

SEPTIÈME LEÇON.

Mots qui n'ont qu'un son, ou qu'une syllabe.

Pain	Vin
Chat	Rat
Four	Blé
Mort	Corps
Trop	Moins
Art	Eau
Marc	Veau
Champ	Pré

Vent   Dent
Vert   Rond.

HUITIÈME LEÇON.

Mots à deux sons, ou deux syllabes, à épeler.

Pa-pa   Cou-teau

Ma-man Cor-don

Bal-lon Cor-beau

Bal-le Cha-meau

Bou-le Tau-reau

Chai-se   Oi-seau

Poi-re Ton-neau

Pomme Mou-ton

Cou-sin   Ver-tu
Gâ-teau   Vi-ce

NEUVIÈME LEÇON.

Mots à trois sons, ou trois syllabes,
à épeler.

Or-phe-lin
Scor-pi-on
Ou-vra-ge
Com-pli-ment
Nou-veau-té
Cou-tu-me
Mou-ve-ment
His-toi-re

Li-ber-té

Li-ma-çon

A-pô-tre

Vo-lail-le

Ci-trouil-le

Mé-moi-re

Car-na-ge

Ins-tru-ment

Su-a-ve

Fram-boi-se

Gui-mau-ve

U-sa-ge

DIXIÈME LEÇON.

Mots à quatre sons, ou quatre syllabes, à épeler.

É-ga-le-ment
Phi-lo-so-phe
Pa-ti-en-ce
O-pi-ni-on
Con-clu-si-on
Zo-di-a-que
É-pi-lep-sie
Co-quil-la-ge
Di-a-lo-gue
Eu-cha-ris-tie

Mots à cinq sons, ou cinq syllabes, à épeler.

Na-tu-rel-le-ment
Cor-di-a-li-té
Ir-ré-sis-ti-ble

Cou-ra-geu-se-ment
In-con-vé-ni-ent
A-ca-ri-â-tre
In-do-ci-li-té
In-can-des-cen-ce
Ad-mi-ra-ble-ment
Cu-ri-o-si-té
In-ex-o-ra-ble

———

Mots à six sons, ou *six syllabes,*
à épeler.

In-con-si-dé-ré-ment
Per-fec-ti-bi-li-té
O-ri-gi-na-li-té
Ma-li-ci-eu-se-ment
As-so-ci-a-ti-on
Va-lé-tu-di-nai-re

ONZIÈME LEÇON.

Petites phrases divisées par syllabes.

J'ai-me mon pa-pa.

Je ché-ris ma-man.

Mon frè-re est o-bé-is-sant.

Ma sœur est bien ai-ma-ble.

Mon cou-sin m'a don-né un pe-tit mou-lin à vent.

Mon grand pa-pa doit m'ap-por-ter un jo-li fu-sil.

Ma bon-ne ma-man me don-ne-ra pour é-tren-nes un che-val de car-ton.

5

Phrases présentant un sens moral.

Un en-fant doit ai-mer ses pa-rens.

La pa-res-se est un grand dé-faut.

Le mé-chant n'est ja-mais heu-reux.

La re-con-nais-san-ce est la pre-miè-re des ver-tus.

Le men-son-ge est le plus o-di-eux des vi-ces.

J'ai-me la ré-cré-a-ti-on a-près le tra-vail.

Dieu lit au fond de nos cœurs.

Les qua-li-tés les plus ai-ma-bles de l'en-fan-ce, sont la dou-ceur et la do-ci-li-té.

Il faut res-pec-ter la vieil-les-se, et sou-la-ger le mal-heur.

Les jeux les plus sa-lu-tai-res sont ceux qui ex-er-cent le corps.

On n'ou-blie ja-mais ce qu'on a bien ap-pris dans la jeu-nes-se.

Les a-ni-maux car-nas-siers ha-bi-tent les fo-rêts.

Le chien se plaît dans la so-ci-é-té des hom-mes.

Il faut ap-pren-dre à sup-por-ter le chaud, le froid, la faim, la soif, et la fa-ti-gue.

L'é-tu-de, qui com-men-ce par ê-tre u-ne gê-ne, fi-nit par de-ve-nir un plai-sir et mê-me un be-soin.

TREIZIÈME LEÇON.

Suite des phrases présentant un sens moral.

Il n'y a qu'un seul Dieu qui gouverne le ciel et la terre.

Ce Dieu récompense les bons, et punit les méchans.

Un enfant babillard et rapporteur est toujours rebuté par tous ses camarades.

Un enfant doit être poli.

Un enfant boudeur est haï de tout le monde.

Un enfant qui est honnête et qui a bon cœur, est chéri de tous ceux qui le connaissent.

L'enfant sage est la joie de son père.

Il n'est permis de rester à rien faire que lorsqu'on n'a plus rien à apprendre.

Le meilleur moyen de s'instruire est de n'avoir jamais honte de demander ce qu'on ne sait pas, et d'interroger les autres sur ce qu'ils savent le mieux.

De toutes les classes de

3*

la société, celle des labou-
reurs est la plus utile, et
conséquemment la plus res-
pectable.

On a mauvaise opinion
d'un enfant qui s'amuse à
faire souffrir les animaux.

QUATORZIÈME LEÇON.

Notions générales.

L'homme a cinq sens,
ou cinq manières d'aper-
cevoir ou de sentir ce qui
l'environne.

Il voit avec les yeux.

Il entend par les oreilles.

Il goûte avec la langue.

Il flaire ou respire les odeurs avec le nez.

Il touche avec tout le corps, et principalement avec les mains.

Les quatre élémens qui composent notre globe, sont ꞉ l'air, la terre, l'eau et le feu.

Sans air, l'homme ne peut respirer.

Sans la terre, qui produit lorsqu'on la cultive, l'homme ne peut manger.

Sans eau, l'homme ne peut boire.

Sans feu, l'homme ne peut se chauffer.

L'année se compose de douze mois, qui sont : janvier, février, mars, avril, mai, juin, juillet, août, septembre, octobre, novembre, et décembre.

Dans une année il y a cinquante-deux semaines.

Dans un mois il y a quatre semaines.

Chaque semaine est de sept jours, qui sont : lundi, mardi, mercredi, jeudi, vendredi, samedi, et dimanche.

Le jour est composé de vingt-quatre heures.

Il y a trente ou trente-un jours dans chaque mois ;

Trois cent soixante-cinq ou trois cent soixante-six jours dans une année.

Il faut cent années pour faire un siècle.

L'année se divise en quatre saisons : le printemps, l'été, l'automne et l'hiver.

QUINZIÈME LEÇON.

Suite des notions générales.

La terre est ronde.

Le soleil éclaire tantôt une partie de la terre, et tantôt l'autre. Quand il luit sur la partie que nous habitons, il fait jour; quand il éclaire la partie opposée, il fait nuit.

Le ciel est cet espace au-dessus de nos têtes, où nous voyons le soleil, la lune et les étoiles. C'est là que se forment les nuages, la pluie, les vents et le tonnerre.

Le vent peut souffler de quatre côtés du ciel; ces quatre côtés s'appellent *points cardinaux.* Les points cardinaux sont : *le nord, le midi, l'orient et l'occident.*

Le vent fait tourner les ailes d'un moulin; ces ailes

font mouvoir une meule en pierre, et cette meule écrase le grain et le réduit en farine : c'est avec cette farine que nous faisons du pain.

Nos vêtemens sont faits de laine, de chanvre, de coton, ou de soie.

La laine est ce qui couvre la peau des moutons.

Le chanvre est une plante dont l'écorce se convertit en filasse.

Le coton est le fruit d'un arbre qui croît dans les pays chauds.

La soie est produite par

une espèce de vers que l'on nomme vers-à-soie.

Les chapeaux se font avec le poil du castor, du lièvre, et du lapin.

La chaussure des hommes se fait avec la peau préparée de certains animaux, tels que le veau, la chèvre, le cheval.

Armurier

Boulanger

Chapellier

Distillateur

Ébéniste

Forgeron

NOTICES

LES ARTS ET MÉTIERS.

A. ARMURIER.

C'est celui qui fabrique des armes pour la guerre, ou pour la chasse, telles que sabres, épées, couteaux de chasse, fusils, carabines, pistolets, baïonnettes, poignards. Malheureusement ces armes meurtrières sont quelquefois dans les mains des méchans. Elles servent également aux princes pour défendre leurs états attaqués par des ennemis; aux chasseurs pour poursuivre et atteindre le gibier; et aux voleurs, aux assassins pour attaquer d'honnêtes gens, les tuer et les dévaliser : le sage ne s'en sert que dans le cas d'une légitime défense.

4

B.   BOULANGER.

C'est une profession de la plus
grande nécessité, puisqu'elle consiste
à faire le pain, premier et principal
aliment dont l'homme se nourrit, et
ne se dégoûte jamais que lorsqu'il
perd la santé. Le pain se compose de
la farine provenant du blé, autre-
ment dit froment, du seigle, de l'or-
ge, de l'avoine, du blé d'Espagne
ou maïs, de la pomme de terre, en
un mot de toutes les substances fari-
neuses; mais le meilleur pain, le
plus beau, le plus savoureux, pro-
vient de la fleur de froment : plus
il est bien pétri, bien levé et bien
cuit, plus il est salutaire et facile à
digérer.

C. CHAPELIER.

L'ART du Chapelier consiste à faire des chapeaux, dont le feutre se compose de laine, de poils de lièvre et de lapin foulés et manipulés à l'eau bouillante ; ces chapeaux, ainsi que les casquettes de poils, peaux de chats, de renards, de velours, de drap, ou d'autres étoffes dont nous couvrons nos têtes pour les mettre à l'abri des influences de l'air ou du soleil, sont aussi devenus, depuis quelque temps, du ressort de la chapellerie, ainsi que les schakos, bonnets de grenadiers et les casques de nos soldats.

D. DISTILLATEUR.

L'ART du Distillateur est une partie essentielle de la chimie, puisqu'il

consiste à extraire par l'ébullition le
suc des plantes et des fleurs dont
les pharmaciens composent les re-
mèdes propices à la santé, et les
parfumeurs toutes les odeurs qui
dominent dans les huiles, pom-
mades, poudres, opiats, et en gé-
néral toutes les essences qui entrent
dans la composition des objets de
toilettes, telles qu'essences de la-
vande, de girofle, de cédrat, de vio-
lette, jasmin, vanille, bergamotte,
fleur d'orange, et autres plantes qui
naissent en France et dans les autres
climats des quatre parties du monde :
toutes ces plantes, distillées par le
feu, à l'eau ou à l'esprit-de-vin au
moyen d'un alambic, instrument
de verre ou de métal posé sur le
fourneau, montent au sommet de la
machine, et distillent leur suc par
le tuyau qui y est adapté, et les
conduit dans le vase qui en reçoit
le produit.

E.   ÉBÉNISTE.

ÉBÉNISTE, ouvrier ou artisan qui, comme le menuisier, manie la scie, le maillet, le rabot, le compas et le niveau pour prendre ses dimensions, et adapter avec dextérité différens morceaux de bois mince et de rapport, qu'il applique avec art, par le moyen du collage, sur d'autres pièces de bois plus épaisses et d'un corps plus solide ; il sait leur donner ce lustre, ce brillant vernis, et cette régularité, cette forme gracieuse, cette élégance, enfin ce bel ordre de dessin tracé par la main de l'artiste, dont le talent s'exerce et se manifeste sur les plus beaux meubles qui font l'ornement de nos riches salons.

4*

F.   FORGERON.

Le Forgeron tient également du maréchal comme du serrurier et du taillandier; le premier forge tout ce qui a rapport aux chevaux, aux voitures et chariots; le second, les ferrures des maisons, châteaux, forteresses et prisons: et le taillandier, tous les instrumens de charrue et de jardinage.

G.   GANTIER.

Le Gantier est, comme le tailleur, un ouvrier qui doit savoir manier habilement les ciseaux et l'aiguille, et avoir du coup d'œil et du goût pour exceller dans son état; car, sans goût, on prend mal ses mesures, et l'on ne peut rien perfectionner. Les gants nous garantissent également du froid et du chaud, ainsi que des influences de l'air, qui brunit et ride les mains, que les dames, et les jeunes gens de famille qui tiennent un rang dans la bonne société, aiment à présenter blanches et potelées. Les gants sont donc tout à la fois un préservatif contre le froid, contre le chaud, et servent également à nous garantir des atteintes du hâle. Le talent du Gantier s'étend plus loin; il sert à préserver la cavalerie des coups de sabre de l'ennemi, au moyen des gants nommés *à la Crispin*, qui s'étendent par un morceau de buffle, fait en entonnoir, à commencer du poignet jusqu'à moitié de l'avant-bras.

Les Gantiers font aussi des pantalons, des culottes de peau, pour les cavaliers, dragons, postillons, courriers, et les chasseurs, en un mot, pour tous ceux qui pratiquent l'exercice du cheval.

H.   HORLOGER.

Un Horloger est un artiste mécanicien. Pour être bon horloger, il faut être mathématicien, 1° pour diviser et subdiviser le temps, afin de mettre en harmonie l'ensemble des divers rouages qui entrent dans la composition d'une montre, d'une pendule ou d'une horloge; qui doivent, dans telle dimension qu'on les ait tracés, nous donner l'heure et les minutes exactement : la tête et le compas, voilà la théorie de l'art. 2° Quant à la pratique, l'horloger tient à la fois du tourneur et du serrurier comme du bijoutier et de l'orfévre; il doit savoir également bien tourner, limer, forger et souder, et prévoir les différentes causes qui arrêtent, retardent, ou avancent le mouvement du mécanisme qui est de son ressort.

I. IMPRIMEUR.

L'ART de l'imprimerie, qui est poussé aujourd'hui au plus haut degré de perfection, fut inventé en 1440 par J. Guttenberg, Allemand. Il consiste à reproduire sous nos yeux toutes les pensées émanées de notre âme, et que la plume a tracées sur le papier appelé manuscrit.

C'est au moyen de lettres fondues en plomb, de divers caractères et de différentes dimensions, rangées par lignes, avec lesquelles on fait des pages que l'on place dans un châssis en fer qu'on met sous presse, que celle-ci imprime sur le papier qu'on lui présente lesdits caractères imprégnés d'encre grasse. Chaque feuille reçoit ainsi l'empreinte de nos pensées écrites, et représentées par ces caractères qui font impression. Voilà en deux mots l'art de l'Imprimeur.

Il y a l'imprimerie en taille-douce, qui diffère de celle-ci en ce que les lettres sont gravées sur des planches en cuivre, sur lesquelles on applique l'estampe ou l'image qu'on veut représenter, et qui en reçoit l'impression.

L'imprimerie lithographique, nouvellement en usage, se pratique par un procédé particulier.

J. JARDINIER.

Le jardinage est une petite partie de l'agriculture ; car, si l'agriculteur cultive les champs, les bois, les prairies et les vastes plaines qui renferment et produisent tout ce qui alimente les hommes et les animaux terrestres qui vont y paître, ou qu'on nourrit dans des étables, le jardinier se borne à cultiver nos jardins de luxe et nos jardins potagers ; les premiers ne contiennent que des arbres et des fleurs de pur agrément , de toutes les saisons et de tous les pays; elles sont l'ornement de nos buissons, de nos charmilles , de nos parcs, de nos parterres. Les jardins royaux de Versailles, ceux du Luxembourg, des Tuileries et des riches propriétaires de la France et de l'étranger, sont du domaine du Jardinier fleuriste.

Mais les jardins potagers ne renferment spécialement que des fruits, des légumes , racines et autres plantes de toutes les saisons, consacrées à la nourriture des hommes, tels que choux, asperges, carottes, pois, haricots, etc. Il est une troisième sorte de jardinage qui exige une culture particulière, ce sont les jardins botaniques, à l'exemple du jardin du Roi, à Paris, qui renferme toutes les plantes précieuses dont la médecine fait usage pour guérir les maladies ou calmer les maux qui affligent le genre humain.

K. *(Aucun nom de profession ne commence par cette lettre.)*

L.   LUTHIER.

L'ART du Luthier consiste à faire et à accorder des instrumens de musique, soit à vent ou à cordes, tels que orgues, serinettes, flûtes, clarinettes, cors, bassons, violons, basses, harpes, guitares, forte-piano, mandolines, etc., etc. Un bon Luthier doit joindre à l'art de facturer bien les instrumens qui sortent de ses mains, celui de la musique, pour connaître, en les essayant, le

G

Gantier

H

Horloger

I

Imprimeur

J

Jardinier

K

L

Luthier

N

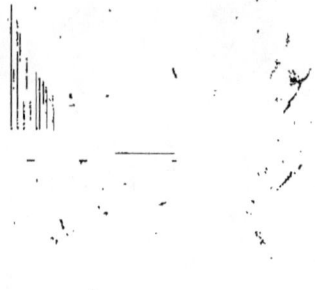

N ,on

Notaires

O

P

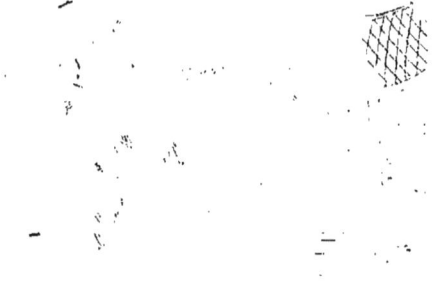

Oiseleur

Pêcheur

Q

R

Quincaillier

Relieur

degré de leur qualité et de leur jus-
tesse.

M. MAÇON.

LE talent du maçon est de bâtir
des maisons, des palais, des châteaux, des temples, des tours, de
construire des quais, des canaux,
des aqueducs, en un mot tous les
édifices qui font la sûreté et l'ornement des villes, villages, hameaux,
de tous les pays habités par des
peuples civilisés. Le sauvage se
construit des huttes en forme pyra-
midale et ressemblant à une ruche
à miel; mais le maçon construit
des maisons sur un plan régulier et
tracé par un architecte.

Le castor, animal amphibie, et
doué d'un instinct surnaturel, a
donné à l'homme les premières notions de l'art de bâtir dans l'eau,

5

et d'y poser des piles qu'il cimente
de ses pattes, qui, comme celles du
singe ou de l'écureuil, ressemblent
à des mains ; sa queue lui sert de
traîneau pour charrier ses maté-
riaux, et de truelle pour mastiquer
et confectionner sa construction.

N. NOTAIRE.

LE Notaire est un fonctionnaire
que sa charge autorise à rédiger les
actes de vente, d'acquisition, les
contrats de mariage, de rentes,
legs, baux, donations et autres actes authentiques qui garantissent la
notoriété des personnes et des pro-
priétés. Dépositaire de la fortune
publique, organe de la loi, qui pro-
nonce d'après la forme et le fond
sur la validité de leurs actes, un Notaire ne saurait montrer trop de lumière et de probité dans ses nobles

fonctions ; plus il apporte d'atten-
tion, de prévoyance et de loyauté
dans les actes qu'il rédige, plus il
fait éviter d'écueils et de procès aux
parties contractantes, ainsi qu'à
leurs héritiers, cohéritiers, etc. ; car
la plus légère omission, le moindre
vice de forme peut faire annuler un
acte, ruiner une famille et favoriser
la chicane. On ne peut trop le ré-
péter, le Notaire est la base sur laquelle repose avec sécurité la fortune des citoyens de tous les pays.

O. OISELEUR.

L'OISELEUR est une espèce de
chasseur qui, sans le secours du
plomb et de la poudre, parvient à
prendre et à détruire les oiseaux,
au moyen d'une petite cage qu'il
appelle *appât*, et qui renferme un
oiseau de l'espèce de ceux qu'il

veut attirer dans le piége. L'oiseleur
tend ses filets, dans lesquels il sème
un peu de graine, et se met en em-
buscade. Le petit oiseau prisonnier,
par son ramage ou gazouillement,
attire les autres autour de sa cage,
qui est placée près du filet; ces der-
niers ne tardent pas à s'y rassem-
bler et à pénétrer dans le filet semé
de graine; et, tandis qu'ils s'amusent
à la becqueter, l'oiseleur tire un pe-
tit cordon, espèce de détente qui
referme le filet; les pauvres inno-
cens sont pris dans le piége, et pé-
rissent bientôt sous les coups de
l'oiseleur, qui s'en empare et vient
les vendre au marché. Cette leçon
doit apprendre aux enfans à ne pas
se laisser prendre au piége qu'on
peut leur tendre. Plusieurs se sont
empoisonnés par gourmandise, en
mangeant, en cachette de leurs pa-
rens, des fruits qu'ils ne connais-
saient pas, ou des bonbons placés

exprès pour les attraper et les pu-
nir.

P. PÊCHEUR.

Il est plusieurs manières de pêcher
le poisson. On pêche à la ligne, on
pêche au filet. La ligne est une
longue baguette plus ou moins forte,
selon la grosseur et le poids du poisson qu'on désire y prendre ; au bout
de cette baguette est une ficelle tis-
sue en chanvre ou en crin, qui pend
comme un fouet le long de son
manche ; au bout de cette ligne on
attache un ou plusieurs hameçons
(petits crochets de fer ou d'acier),
qui, recouverts de vers de terre, de
grosses mouches, ou de petits morceaux de viande crue, attirent le
poisson sur les bords du fleuve ou de
la rivière, où, le Pêcheur étant em-
busqué et silencieux comme l'oise-

leur pour ne pas l'épouvanter, le poisson, en avalant avec voracité l'amorce qui lui est présentée, se prend à la ligne, qu'il secoue pour s'en délivrer, et que vous retirez à vous avec votre proie qui s'y trouve accrochée.

L'autre manière de pêcher est au filet. Ce filet, qu'on nomme épervier, est fait en entonnoir très-évasé par le haut, et se termine en cul-de-lampe ; un homme ou plusieurs Pêcheurs dans un bateau ou chaloupe le jettent à la mer ou dans la rivière ; les plombs qui sont attachés au bas du filet l'entraînent dans l'eau assez avant pour que le poisson, en nageant, s'introduire dans son enveloppe, qui se referme en retirant le filet de l'eau. Tout ce qui y a pénétré se trouve pris et au pouvoir du Pêcheur.

Q. QUINCAILLIER.

Le marchand quincaillier, qu'il ne faut pas confondre avec le marchand de fer cru ou en barre, ne vend que du fer, de l'acier et du cuivre façonné, tels que couteaux, ciseaux, canifs, pendules, cartels, feux de cheminées en cuivre doré, boucles d'acier, chaînes de montres, garnitures de sacs, batteries de cuisine, flambeaux, chandeliers, pelles, pincettes et autres ustensiles de ménage. Enfin tous les instrumens nécessaires aux arts et métiers, ainsi qu'aux sciences abstraites, tels que l'astronomie, les mathématiques, la physique, sont du ressort de la quincaillerie, comme tous les outils de tous ceux qui manient le marteau, la lime ou le burin, la scie, etc. Serruriers, mécaniciens, tourneurs en bois ou sur métaux, horlogers, menuisiers et autres artisans ou artistes, ont recours au Quincaillier.

R.   RELIEUR.

La reliure est l'art de renfermer, dans le moindre espace et sous tous les formats, toutes les productions du génie de l'homme, dans des volumes soignés qui parent nos bibliothèques publiques et particulières, après les avoir bien battus, rognés, reliés, et pressés; cet art consiste à les recouvrir soit de carton, parchemin, basane, veau ou maroquin, de les dorer sur tranche, au dossier, et même sur les couvercles avec filets ou armoiries, selon le rang, le luxe et le goût de l'amateur ou du propriétaire. Le talent du Relieur, comme le luxe typographique, est porté aujourd'hui en France à un degré de perfection qui ajoute à la gloire nationale, et fait l'admiration de l'étranger.

S. SCULPTEUR.

Le Sculpteur exécute en relief sur le marbre ou sur la pierre, ce que le peintre nous retrace à plat sur la toile. Aînée de la peinture, sa sœur et sa rivale, la sculpture exige une même connaissance, une même correction dans le dessin, une même ordonnance dans les formes et dans les proportions; mais le ciseau n'est pas obligé, comme le pinceau, de rechercher les tons et les nuances auxquels le peintre est asservi, pour jeter plus ou moins de lumière, et en calculer les degrés pour faire mieux ressortir les effets qu'il veut produire à l'œil du contemplateur.

Dans la sculpture les ombres se
placent naturellement dans leur
jour, au lieu que le peintre est obligé
de chercher, à force d'art, la nature
sur sa palette en mariant ses cou-
leurs. Si l'art d'animer la toile est
un art enchanteur, celui de faire
respirer le marbre, de donner à ce
corps dur et calleux le moelleux
des formes arrondies et nerveuses
d'un Hercule, la grâce unie à la ma-
jesté d'un Apollon, l'air martial
du gladiateur mourant, l'expression
de la douleur au visage de Laocoon
souffrant, la volupté unie à la dé-
cence de la Vénus pudique, et de
retracer les replis ondoyans de la
tunique ou du manteau de Minerve,
certes l'art de la sculpture est un art
divin, puisqu'il divinise l'humani-
té en transmettant à la postérité les
traits des héros et des grands hommes des premiers âges du monde.
C'est encore à la sculpture que nous

devons les statues et bas - reliefs je-
tés en bronze qui décorent nos riches
bassins, nos fontaines, nos places
et nos édifices publics.

T. TISSERAND.

LE Tisserand est un artisan qui,
à l'aide d'un métier, espèce de
mécanique qu'il fait mouvoir à son
gré du pied, tandis que de ses
mains il fait passer et repasser un
outil, appelé *navette*, dans les premiers fils qu'il a tendus, ourdit la
trame des toiles qui sont à l'usage
des maisons les plus riches comme
des plus pauvres, et dont le prix
est proportionné à leur degré de fi-
nesse. Nos draps de lits, nos nappes,
nos serviettes en coton ou en fil, ainsi que nos chemises, depuis la toile à
faire des sacs à farine, des tentes,
des paillasses ou des voiles de na-

vires, jusqu'à la plus fine, appelée
batiste, sont l'ouvrage du tisserand. C'est d'une araignée dont un
observateur admirait et suivait le
travail, qu'il détruisait à plaisir,
et lui voyait recommencer sur-le-
champ, que l'art du tisserand a
tiré son origine; c'est de cet animal
hideux et répugnant, mais ingé-
nieux, que l'homme enfin apprit à
faire une toile plus solide, et à la
confectionner proportionnellement
à la somme et à la nature, ainsi qu'à
l'urgence de ses besoins.

Les trames ourdies à la laine, à la
soie et au coton filé, se forment
à peu près de la même manière,
en variant les procédés selon les cas.

Sculpteur

Tisserand

Usurier

Verrier

U. USURIER.

Un Usurier est toujours un avare, un égoïste, qui, insensible au malheur et aux besoins d'autrui, ne vit que pour lui, et cherche à s'enrichir aux dépens de l'infortuné qui, abandonné de ses meilleurs amis, ou des connaissances sur l'amitié desquelles on ne doit jamais compter dans le malheur, est forcé d'emprunter de l'argent pour acquitter une dette ou une obligation qu'il a contractée, et à laquelle il doit satisfaire pour ne pas perdre son honheur, son crédit, et quelquefois sa liberté menacée. L'Usurier, sous l'air de lui rendre service, lui fait sentir combien l'argent est rare, combien, malgré son économie, il en a peu lui-même à sa disposition, combien il est difficile de s'en procurer ; cepen-

dant il promet à l'emprunteur de
l'obliger de ce qu'il pourra disposer,
et de lui procurer le reste de la somme en l'empruntant lui-même d'un
ami qui fait valoir ses fonds. Il feint
tout cela pour ne pas avoir à rougir
des gros intérêts qu'il exige, et qu'il
a été forcé, dit-il, de payer lui-même
en partie pour vous rendre service.
S'il vous sait possesseur de quelque
propriété, il vous prête le quart ou
le tiers de ce qu'elle vaut, en vous
faisant contracter un billet du dou-
ble quelquefois de la somme qu'il
vous compte; et, si vous ne le pou-
vez satisfaire à l'échéance, il renouvelle, avec beaucoup de peine appa-
rente, le premier billet que vous
avez souscrit, et finit souvent, si
vous renouvelez une troisième fois
en doublant les intérêts, par dévo-
rer votre héritage et celui de vos
enfans, qu'il s'approprie pour le tiers
de ce qu'il vaut. Ainsi défiez-vous

des Usuriers, comme les mouches doivent se défier des araignées qui leur sucent le sang. Quand l'Usurier vous tient dans les filets de sa bourse, vous n'en sortez qu'en y laissant la vôtre.

V. VERRIER.

LE verre se fond comme le plomb, quand le Verrier, sur un fourneau ardent, a réduit cette matière au degré de liquidité qu'il désire, et que le verre est malléable, au point de prendre la forme qu'il veut lui imprimer. Il en souffle la quantité nécessaire avec un tuyau ou tube, pour en faire à son gré un verre, une bouteille, un bocal, une carafe, etc., et autres ustensiles de ménage. Cette profession exige les plus grandes précautions de la part de ceux qui l'exercent, sans cesse exposés à l'action du feu, en approchant du vaisseau ou chaudière qui recèle le verre bouillant sur le fourneau. Ils doivent se masquer le visage, et retenir leur haleine en soufflant dans le tube; car, pour la reprendre, s'ils ne s'en retiraient chaque fois exactement et à propos, ils aspireraient un air brûlant qui, leur entrant dans le poumon, y porterait bientôt le ravage et la mort aussi promptement qu'un soleil trop ardent flétrit et dévore les plus belles fleurs.

X. Y. Z. *(Aucun nom de profession ne commence par ces lettres.)*

COMPLIMENS.

(Ces Complimens peuvent être dits par un jeune gar-
çon ou par une jeune fille, à volonté; on peut facilement
leur adapter des airs connus.)

UN ENFANT DE CINQ ANS

A SON PÈRE.

CHER Papa, dans un si jeune âge,
Quel bouquet puis-je vous offrir?
Cette fleur est tout mon hommage;
Mais un instant va la flétrir.
On dit qu'un cœur peut satisfaire,
Cher Papa, je n'en savais rien;
Si c'est un présent pour un père (*),
Ah! daignez recevoir le mien.

(*) On peut adresser ce compliment à une mère, en
changeant le mot *Papa* en celui de *Maman*, et en substi-
tuant au 7e vers le suivant :

Si c'est un don pour une mère, etc.

UN TRÈS-JEUNE ENFANT

A SON PÈRE OU A SA MÈRE.

LE sentiment peut égaler
Et surpasser le talent même :
Est-il donc besoin de parler
Pour faire entendre que l'on aime?
Puissé-je en ce jour de bonheur,
Prenant un accent qui vous touche,

6*

Vous prouver du moins que mon cœur
Parle pour moi mieux que ma bouche !

Ce couplet peut se chanter sur l'air d'*Hippolyte*.

A UN PÈRE OU A UNE MÈRE.

Compliment chanté par des enfans.

Pour tracer votre portrait,
Ce n'est pas un grand mystère ;
Je le ferai trait pour trait :
Tendre époux, excellent père (*) ;
Joignons encore à cela
L'aimable talent de plaire ;
Aussitôt chacun dira :
Oui, le voilà, le voilà.

(*) « *Tendre épouse et bonne mère,* » lorsqu'on parle à une maman.

Ce couplet peut se chanter sur l'air : *Ah! le bel oiseau,* etc.

UN ENFANT DE DIX A DOUZE ANS

A SON PÈRE OU A SA MÈRE,

EN LUI OFFRANT UN TRAVAIL D'ÉCRITURE, DE DESSIN OU AUTRE.

La politesse mensongère,
Les grands mots, son zèle et ses vœux,
Sont une étrenne assez légère ;
Ah! Papa (ou Maman) doit attendre mieux.
Tous les propos de bonne année,
Avant la fin de la journée,

Seront bien loin de votre esprit ;
Mais vous vous souviendrez, je gage,
De la main qui fit cet ouvrage,
Et de celui (ou celle) qui vous l'offrit.

A UN INSTITUTEUR

OU A UNE INSTITUTRICE.

Dans nos jardins un arbrisseau,
Pour croître, a besoin de culture ;
Par un travail toujours nouveau,
L'homme seconde la nature :
De même vos soins assidus
Sont le soutien de mon jeune âge ;
Un jour, si j'ai quelques vertus,
Ces vertus seront votre ouvrage.

Ce couplet peut se chanter sur l'air : *Femmes, voulez-vous éprouver, etc.*

AU JOUR DE L'AN,

UN ENFANT A SON PÈRE ET A SA MÈRE,

(Ensemble ou séparément).

Pour vous remercier des soins de mon enfance,
Je ne sais pas encore assez bien m'exprimer,
Mais je sais déjà vous aimer,
Et mon cœur vous répond de la reconnaissance.

ÉTRENNES A UN PÈRE,

OU A UNE MÈRE.

Pour vous au ciel je demande chaque jour,
De tous les dons le parfait assemblage ;
Et ce vœu que toujours ailleurs forme l'usage,
Est formé chez moi par l'amour.

POUR LA NOUVELLE ANNÉE,

UN FILS A SON PÈRE OU A SA MÈRE.

Daignez, mon père (*), accueillir mon hommage,
Et de l'amour que j'ai pour vous
Ecouter ici le langage ;
Vous plaire est pour mon cœur le plaisir le plus doux
Et, pour mériter par mon zèle,
Votre bienveillance éternelle,
N'en doutez plus, désormais votre fils,
Toujours tendre, toujours soumis,
Du respect filial offrira le modèle.

(*) Ou : *ma mère.*

A SON GRAND-PAPA,

LE JOUR DE L'AN OU LE JOUR DE SA FÊTE.

Que je vois avec joie arriver ce beau jour,
Où je puis de mon cœur vous offrir sans détour

Le zèle, le respect et l'ardeur bien sincère !
J'ai besoin, il est vrai, d'une voix étrangère
Pour pouvoir exprimer ce que mon cœur me dit ;
Pour le sentir, ah ! lui seul me suffit.

POUR LA FÊTE D'UN PARENT,

ONCLE, TANTE, COUSIN OU COUSINE.

Trois fleurs, simplement et sans art,
Vont s'offrir à vous de ma part,
L'estime, le respect et la reconnaissance ;
Pour vous les présenter, je n'ai pas eu besoin
De les aller chercher bien loin :
Elles vous doivent leur naissance.

A UN SUPÉRIEUR,

A UN BIENFAITEUR ou a UNE BIENFAITRICE.

L'on dit assez communément
Qu'en parlant de ce que l'on aime,
Toujours on parle éloquemment.
Je n'approuve point ce système ;
Car moi qui voudrais en ce jour
Vous prouver ma reconnaissance,
Mon cœur est tout brûlant d'amour,
Et ma bouche est sans éloquence.

A UN PARRAIN,

LE JOUR DE L'AN.

A peine l'an se renouvelle ,
Qu'à l'amitié j'offre mes vœux ;
Puis-je assez tôt marquer mon zèle
Au mortel le plus généreux ?
Si l'amitié donnait aux hommes
Le droit de l'immortalité ,
Parrain , dans le siècle où nous sommes ,
Vous l'auriez déjà mérité.

Chiffres Arabes et Romains.

un	—	1	— I
deux	—	2	— II
trois	—	3	— III
quatre	—	4	— IV
cinq	—	5	— V
six	—	6	— VI
sept	—	7	— VII
huit	—	8	— VIII
neuf	—	9	— IX
dix	—	10	— X
onze	—	11	— XI
douze	—	12	— XII
treize	—	13	— XIII
quatorze	—	14	— XIV
quinze	—	15	— XV
seize	—	16	— XVI
dix-sept	—	17	— XVII
dix-huit	—	18	— XVIII
dix-neuf	—	19	— XIX
vingt	—	20	— XX
trente	—	30	— XXX
quarante	—	40	— XL
cinquante	—	50	— L
soixante	—	60	— LX
soixante-dix	—	70	— LXX

quatre-vingts	—	80	— LXXX
quatre-vingt-dix	—	90	— XC
cent	—	100	— C
deux cents	—	200	— CC
trois cents	—	300	— CCC
quatre cents	—	400	— CCCC
cinq cents	—	500	— D
six cents	—	600	— DC
sept cents	—	700	— DCC
huit cents	—	800	— DCCC
neuf cents	—	900	— DCCCC
mille	—	1000	— M

FIN.

PARIS. — IMPRIMERIE DE CASIMIR,

RUE DE LA VIEILLE-MONNAIE, N° 12.

www.ingramcontent.com/pod-product-compliance
Lightning Source LLC
Chambersburg PA
CBHW070909280326
41934CB00008B/1646